D1435027

Culture:
de la fascination au mépris

Claude Julien

Culture:
de la fascination
au mépris

FIDES   MUSÉE DE LA
                         CIVILISATION

Cette conférence a été prononcée les 18 et 19 novembre 1988
au Musée de la civilisation à Québec
et a été publiée pour la première fois en 1990
par le Musée de la civilisation.

Données de catalogage avant publication (Canada)

Julien, Claude
Culture: de la fascination au mépris
2ᵉ éd. —
(Les grandes conférences)
Comprend des réf. bibliogr.

ISBN 2-7621-1714-3

1. Civilisation – 1950-
2. Culture.
I. Musée de la civilisation (Québec).
II. Titre.
III. Collection.
CB428.J84 1994   306   C94-940754-2

Dépôt légal: 3ᵉ trimestre 1994
Bibliothèque nationale du Québec
© Musée de la civilisation et Claude Julien, 1990.

L'ouvrage est distribué par les Éditions Fides,
165 rue Deslauriers, Saint-Laurent, H4N 2S4,
tél.: 745-4290, télex: 745-4299

Les éditions Fides bénéficient de l'appui
du Conseil des arts du Canada et
du ministère de la Culture du Québec.

Mesdames, Messieurs, pourquoi au fond ne serions-nous pas très fiers de notre culture? Une culture qui, dans tous les domaines — dans tous les domaines de création, devrais-je préciser —, aussi divers qu'ils soient, témoigne d'une exceptionnelle vitalité. C'est certainement un phénomène historique sans précédent. Nous voyons, à une cadence accélérée, les sciences et les arts effectuer en quelques décennies de prodigieux bonds en avant et faire preuve, encore pour longtemps sans doute, d'une étonnante effervescence.

Et pourtant, tel est du moins mon diagnostic, notre culture présente tous les signes, tous les symptômes d'une très grave maladie. Nos sociétés elles-mêmes offrent au regard de très nombreuses plaies que l'on ne songe pas à attribuer à la culture, des plaies sociales, des plaies économiques, des plaies que nous ne savons pas guérir parce que nous en cherchons systématiquement les remèdes dans des

thérapeutiques qui précisément sont sociales, économiques ou politiques. Nous n'avons ainsi pratique-
ment, je crois, aucun espoir d'obtenir des résultats
satisfaisants, car nous avons oublié l'essentiel. Oui,
nos sociétés sont malades et nous le voyons bien tous
les jours. Et elles sont malades d'abord de leur culture, de notre culture. C'est sur ce point, si vous le
permettez, que je voudrais aujourd'hui non pas vous
présenter des thèses définitives, mais au moins essayer de réfléchir avec vous.

Cependant, j'aimerais qu'avant tout, comme il
se doit, nous rendions hommage à notre culture. Ce
sera le moyen le plus sûr de la critiquer et de la
réformer après coup.

Dans tous les domaines de la connaissance, les
sciences ont fait reculer fort loin les frontières de la
nuit, de l'ignorance, du mystère et, bien entendu, de
la magie. De l'infiniment petit à l'infiniment grand,
de la microbiologie à l'astrophysique, l'esprit humain
embrasse des champs de plus en plus vastes dont les
perspectives ne cessent pourtant de s'élargir. Mieux
encore, la plupart de ces percées scientifiques, réalisées en laboratoire dans le secret de la recherche,
ont débouché très vite sur leurs applications, sur des
innovations technologiques. Et ces innovations tech-

nologiques à leur tour multiplient et affinent les capacités d'investigation des chercheurs, offrant des moyens, des outils comme on dit aujourd'hui très «performants» pour scruter l'inconnu. Ainsi, les deux domaines traditionnellement distincts de la science et de la technologie s'imbriquent de plus en plus étroitement. La technologie, produit de la science, devient un moyen essentiel de pousser la science plus loin que l'on ne pouvait le faire auparavant. À tel point que désormais, si l'on continue de faire la distinction entre science fondamentale et science appliquée et aussi, bien entendu, entre science et technologie, on parle, de plus en plus couramment et à juste titre, de *technoscience.*

Les progrès enregistrés ne se limitent pas au domaine scientifique. Nous pouvons bien souvent le constater dans tous les moyens d'expression. L'esprit humain a su bousculer d'anciennes normes, de très vénérables canons, pour varier à l'infini l'inépuisable combinaison des mots, des couleurs, des formes, des rythmes, de tout ce qui concourt à la richesse, non pas de la connaissance, mais de l'expression.

Tout comme les sciences, les arts sont portés en avant par un élan apparemment irrésistible et, comme la recherche pure, les arts, de la musique à l'architecture, peuvent à leur tour recourir, pour enrichir leurs moyens d'expression, à toutes les ressources offertes par les technologies. Les technologies modernes, elles-mêmes fruits de la science, contribuent à l'enrichissement de l'expression artistique et culturelle.

Alors, oui, comment ne serions-nous pas fascinés par un essor culturel aussi extraordinaire? Pourtant, nous ne pouvons pas éviter de nous poser quelques questions, des questions simples. Et c'est peut-être parce qu'elles sont simples que l'on oublie trop souvent de se les poser. Des questions qui vont au cœur des problèmes? Quel usage faisons-nous de notre fascinante culture? Comment cette culture inspire-t-elle nos décisions humaines? Décisions individuelles ou décisions collectives prises par les corps politiques auxquels nous avons confié le pouvoir? Comment cette culture se traduit-elle dans notre vie de tous les jours? Vous allez le voir, c'est en essayant de répondre à ces questions que nous découvrirons à quel point notre culture est malade, puisque c'est elle qui nous inspire les usages que nous faisons de nos connaissances et de nos moyens d'expression.

Il serait sans doute superflu de rappeler ici qu'une culture n'est jamais enfermée dans des musées, dans des bibliothèques, dans des conservatoires ou dans des académies dont on dit habituellement qu'elles sont poussiéreuses. La culture n'est pas enfermée, elle vit, elle rayonne sur la société dont elle est le produit et, en même temps, elle imprègne les individus et les structures de cette société, les comportements individuels et collectifs. Il en a toujours été ainsi. À toutes les grandes périodes de l'histoire, chaque société sécrète sa propre culture qui, à son tour, transforme de l'intérieur la société elle-même, en même temps que d'autres cultures, importées celles-là, accentuent et orientent les mutations. Produit de la société, la culture est aussi un agent de changement de la société qui l'a créée.

Or, depuis bientôt deux décennies, nous traversons une crise dont nous ne voyons pas la fin, une crise qu'assez sottement nous nous obstinons à définir comme une crise «économique». Parler de crise économique, ce serait nous en tenir à un aspect bien superficiel des choses, à leurs manifestations les plus aisément vérifiables, les plus faciles à mesurer: taux de chômage ou d'inflation, excédent ou déficit du budget ou de la balance commerciale, taux de croissance ou de pauvreté ou taux de misère, toutes choses dont nous pouvons saisir la mesure physique,

11

matérielle, visible, vérifiable. Un tel regard porté sur la crise économique me paraît bien court, car il se borne à considérer les effets matériels, bons ou mauvais, sans chercher à en apprécier les causes qui, elles, relèvent du domaine de l'esprit, de la culture.

Nous en tenir aux aspects physiques de la crise économique, ce serait nous comporter comme ces guides touristiques qui, devant une cathédrale gothique, par exemple, signalent pieusement la hauteur de la flèche qui s'élance vers le ciel ou la portée de l'architrave, mais qui seraient incapables de commenter l'esprit du monument, c'est-à-dire le talent et les connaissances techniques de l'architecte, l'habileté des tailleurs de pierre sans lesquels l'architecte n'aurait pas existé, la signification des figures sculptées dans les chapiteaux des colonnes ou l'imagination exubérante des maîtres verriers.

Nous pouvons faire visiter notre crise économique comme l'un de ces guides touristiques incultes fait visiter certains de nos monuments. Et nous n'en ferons pas le tour et nous n'en verrons pas le fond, car la crise économique ne réside pas seulement dans le dysfonctionnement des mécanismes de production et d'échange. Elle traduit dans les faits la faillite de certaines conceptions qui sont le produit de l'esprit humain. Cette crise économique exprime l'échec d'un état d'esprit, d'un système de pensée, d'une culture. D'une culture, qu'est-ce à dire? Comment peut-on définir une culture? Exercice périlleux. Peut-on avancer simplement qu'une culture, c'est cet ensemble complexe de connaissances acquises qui permettent de développer le sens critique, le goût, bon ou mauvais, le jugement? Sens critique, goût, jugement. Quel jugement pouvons-nous porter sur une société qui dispose de moyens de production inouïs, sans équivalents dans l'histoire et qui, pourtant, laisse des multitudes dans le besoin, chez nous et loin de chez nous?

Quel jugement pouvons-nous porter sur une société qui, malgré la crise, est plus riche que jamais, une société qui pourtant tolère de vastes zones de pauvreté? Une société prospère qui trop souvent manque d'argent pour la satisfaction de besoins essentiels comme l'enseignement, l'éducation? Quel jugement pouvons-nous porter sur une société sans aucun doute dynamique, mais qui marginalise les chômeurs, et les exclut comme autrefois on mettait à l'écart les pestiférés munis de la crécelle? Une société qui reste impuissante, complètement désarmée devant ces phénomènes qui nous préoccupent tous, quel que soit le jugement que l'on porte sur eux? Ces phénomènes qui s'appellent la délinquance et la drogue? N'y aurait-il donc aucun lien, aucun rapport entre, d'une part, les maux sociaux, humains, spirituels d'êtres désespérés qui se jettent dans la violence ou dans la drogue et, d'autre part, le fonctionnement économique de notre société en crise? Crise économique ou crise des valeurs dont se réclame une société, crise des valeurs dont se réclament ou n'osent plus se réclamer les grands décideurs économiques, crise des conceptions qui orientent les choix exercés dans les secteurs public ou privé en matière économique? De telles réflexions, pour élémentaires qu'elles soient, peuvent surprendre, tellement elles sont inhabituelles. Il y a d'un côté l'économie, qui marche bien ou qui est en crise, et de l'autre côté, il y a, pense-t-on, la crise des valeurs.

Pour éclairer ces réflexions, permettez-moi un exemple historique dramatique. Que l'on ne se méprenne pas, je ne veux pas comparer une crise économique et un cataclysme politique tel que le fut le nazisme. Pourtant, nous savons que jamais le nazisme ne serait parvenu au pouvoir sans la crise économique des années 1930. Le nazisme, qui fit quelque 50 millions de morts, phénomène majeur de notre siècle moderne, rationnel, qui vit triompher pendant douze ans l'irrationalité criminelle de ce régime. Il ne manque pas d'historiens pour nous expliquer les causes du nazisme: la crainte de tout un peuple devant l'inflation au moment où il fallait remplir une brouette de marks allemands pour aller acheter, si on en trouvait, du pain ou des pommes de terre; le chômage avec ses cohortes de chômeurs qui, à l'époque, n'étaient pas secourus comme ils le sont maintenant, et donc les désordres, le chaos, les émeutes dans la rue. Et puis, il ne manque pas d'historiens pour ajouter une autre dimension: le nazisme n'eut pas seulement des causes économiques, mais aussi des causes politiques: la peur du bolchevisme. Cette explication politique et économique d'un phénomène majeur n'est pas fausse, elle est vraie; elle est pourtant tout à fait incomplète, tellement incomplète qu'elle ne peut pas rendre compte du phénomène du nazisme.

Bien plus que par la peur devant le désordre économique et la crainte du bolchevisme, l'arrivée du nazisme au pouvoir a d'abord été rendue possible par une abdication culturelle. Et c'est cela que je voudrais mettre en relief car enfin, pour tenter de fonder sa prétendue légitimité, le régime nazi n'a pas lésiné sur la mobilisation des élites intellectuelles. Il a fait appel à une fausse science, à une fausse biologie, à une fausse anthropologie pour essayer de fonder scientifiquement la théorie de la supériorité d'une race. Et ces thèmes ne sont pas complètement évacués de l'actualité que nous connaissons aujourd'hui. Il a fait appel à une fausse histoire, brodant sur les rancœurs, les aigreurs, les désirs de revanche, à la suite de la Première Guerre mondiale, de faux historiens, des truqueurs diplômés, patentés, munis d'un doctorat pour fonder un rêve d'hégémonie. Le nazisme a aussi fait appel à une fausse philosophie, je devrais dire à une philosophie démente pour fonder son ordre criminel, le Reich de mille ans, pour imposer un ordre policier contre la liberté. Cette fausse culture seule a rendu possible une tragédie européenne, mondiale, qui fit donc 50 millions de morts.

La fausse culture invoquée par le nazisme s'est traduite par des aberrations, des crimes contre l'esprit. Au nom de cette fausse culture et de ces fausses valeurs, on prononça la proscription d'intellectuels, d'écrivains et d'artistes, sous prétexte qu'ils étaient juifs ou cosmopolites ou impérialistes anglo-saxons ou décadents. C'est ainsi que les jeunes Européens de ma génération ne purent découvrir la grande littérature américaine qu'après l'effondrement du nazisme. En effet, plusieurs œuvres littéraires avaient été proscrites, interdites. Et nous avons vu un peuple, héritier d'une très haute tradition littéraire, poétique, musicale et philosophique, un peuple hautement cultivé s'incliner devant cette fausse culture, cette fausse science, céder devant un pantin sanglant, tomber devant des gens à peu près incultes, devant des brutes qui avaient la force. Le nazisme, ce fut d'abord non pas l'aboutissement d'une crise économique et politique qui débuta avec l'effondrement de la Bourse à Wall Street un jeudi d'octobre 1929, non, ce n'était là que l'apparence; le nazisme, ce fut plutôt l'aboutissement d'une trahison des plus hautes valeurs culturelles. C'était le choix entre une civilisation née en Europe dans le bassin méditerranéen, illustrée par des siècles d'histoire, et une autre civilisation, une barbarie, elle aussi née en Europe.

Le nazisme fut d'abord un crime contre l'esprit. Je déplore toujours que tant de commentateurs actuels réduisent le nazisme à ces plus monstrueux résultats: les six millions de Juifs morts dans la lutte d'extermination d'une race, et les dizaines de millions de morts sur différents champs de bataille. Cet aboutissement sanglant n'aurait pas été possible sans l'abdication culturelle d'un peuple. Chez les peuples conquis, on a vu des hommes réputés hommes de culture, des écrivains, des artistes, et même un cardinal membre de l'Académie française pactiser avec cette cruauté. Sommes-nous sûrs que dans notre manière d'aborder la crise économique que nous connaissons depuis deux décennies, il n'y ait pas aussi une abdication culturelle de nature différente avec des conséquences jusqu'à présent peut-être moins dramatiques? Sommes-nous sûrs que dans la situation actuelle, nous ne retrouvons pas certains ingrédients qui devraient nous préoccuper au plus haut point, car dans cette crise économique, dans notre manière de l'aborder, en fait, nous sacrifions la production à la spéculation? Ce qui veut dire que la principale source d'enrichissement n'est plus dans le travail créateur, mais dans des transactions boursières.

Nous sacrifions des valeurs sociales, dira-t-on? Non, des valeurs humaines. Nous les sacrifions au profit et à la puissance. Nous sacrifions la justice, si ce mot a encore un sens, à l'enrichissement de quelques-uns et, par-dessus tout, devant cette crise économique, nous vivons sous le règne, me semble-t-il absolu, de la déraison. Et cela, c'est ce qu'il y a de plus grave pour une culture: nous vivons sous le règne de la déraison. Aucune culture, aucun effort culturel, si savant soit-il, ne pourra justifier qu'en cinq ans, les dépenses militaires des pays sous-développés aient atteint un total supérieur à la dette de l'ensemble du Tiers-Monde. Que les économistes s'avancent pour justifier pareille absurdité. Que les philosophes viennent dire: «Oui, il ne pouvait pas en être autrement.»

Nous vivons sous le règne de la déraison et c'est ainsi qu'au cours des trois dernières années, 1986-1988, quinze pays du Tiers-Monde parmi les plus endettés ont effectué, vers les pays industrialisés d'Amérique du Nord et d'Europe occidentale, des transferts nets de capitaux de 58 milliards de dollars. Que des économistes, des historiens, des moralistes, des philosophes, des artistes et des porte-parole patentés d'une culture viennent m'expliquer que cela est dans l'ordre des choses et que les pays pauvres doivent subventionner en capitaux les pays riches. Et que ceux que l'on appelle les «historiens du temps présent» viennent m'expliquer comment pourrait ainsi survivre ce que nous appelons, en raison de la mondialisation, notre «village planétaire». Comment pourrait-il survivre alors qu'il est à ce point déséquilibré de l'intérieur?

Nous vivons en pleine déraison. Au cours des dix dernières années, aux États-Unis, modèle de développement proposé à l'ensemble des pays du monde, le revenu annuel de 10% des familles les plus pauvres a chuté de 3600$ à 3200$, une baisse de 10%. Et qui viendra justifier que dans le même temps, le revenu de 5% des familles les plus riches soit passé de 94 000$ à 129 000$, c'est-à-dire qu'il se soit accru de 35 000$, le revenu annuel de dix de ces familles pauvres? Où est notre culture? Où est notre raison? Je ne parle pas de justice, de solidarité, de fraternité, je ne parle pas d'équité. Où est notre intelligence devant cette déstructuration d'une société?

Comment en sommes-nous arrivés là? Comment avons-nous pu accepter et tolérer de tels résultats? Je crois que nous avons tous plus ou moins, à des degrés divers, rendu ces aberrations possibles en accordant à l'économie une priorité qui ne lui est pas due et qui ne peut pas lui être due, en succombant à ce qu'il faut bien appeler l'«économisme» où tout est subordonné à l'économie. Mais je ne sais pas quel est votre parcours idéologique. Le mien est très clair: je n'ai jamais été séduit par les thèses marxistes parce que, précisément, je leur ai reproché l'économisme, une prétention inacceptable qui explique quantité de mouvements, d'évolutions et de conflits par l'économie. Je n'ai jamais accepté l'économisme lorsqu'il était prôné par les marxistes. Au nom de quoi pourrais-je l'accepter lorsqu'il est proclamé par les responsables de nos démocraties ou de notre système capitaliste qui nous expliquent que l'économie doit avoir priorité sur toutes les autres considérations, alors qu'une gestion d'abord économique de nos sociétés ne peut que conduire à un désastre à la fois économique et humain? Car administrer une société, une société cultivée, cela consiste, me semble-t-il, à gérer aussi bien que possible des relations harmonieuses entre ses divers domaines, tout ce qui fait la richesse et la diversité de la vie, des relations harmonieuses entre l'économique, le social et le culturel. La vie de l'individu, comme la vie de la société, forment un tout, dans lequel entre la satisfaction des besoins matériels et des besoins de l'esprit. Cela forme un tout et ce tout, nous le découpons en tranches: en souscrivant aux objectifs de notre société, nous accordons une valeur prééminente à la tranche économique; et nous n'arrivons pas à saisir la vie dans sa globalité, c'est-à-dire dans ce qui fait toute sa richesse.

Nous sommes invités à faire confiance aux responsables de l'économie — ministère de l'Économie, banque centrale, chefs d'entreprises — pour qu'ils améliorent les choses, et puis, ma foi, en attendant que les responsables du social et les responsables du culturel se débrouillent comme ils le pourront, en espérant des jours meilleurs. Étrangement, dans ce monde où les connaissances dont nous disposons sont plus considérables que jamais, notre esprit, notre culture ne parviennent pas à une vision synthétique de nous-mêmes, de la société dans laquelle nous vivons et de ce monde que nous sommes en train de faire. Notre esprit, notre culture ne parviennent pas à saisir d'un seul regard une masse énorme de connaissances qui dépassent les capacités du cerveau humain. Notre esprit, notre culture ne parviennent pas à transgresser les frontières entre les multiples disciplines du savoir. Ainsi, par inaptitude à l'effort de synthèse, nous mettons bout à bout des secteurs de compétence. Mais ces secteurs sont cloisonnés, sans véritable communication entre eux. Et nous ne maîtrisons pas, notre culture ne nous permet pas de maîtriser les interactions entre ces secteurs de compétence mis bout à bout.

Je crois que nous touchons là le point central de

notre crise culturelle: <u>nous n'arrivons pas à embrasser</u> <u>l'ensemble des connaissances disponibles.</u> Nous avons tendance, depuis trop longtemps, à faire confiance aux experts. Mais ceux-ci sont de plus en plus spécialisés, car l'expertise demande la concentration de la compétence et du savoir sur un champ de plus en plus étroit. Et chacun de ces experts voit bien une petite portion de l'être humain ou de la société, mais il n'en a pas la vue d'ensemble. Et lorsqu'on réunit ces experts, je ne sais pas si vous avez déjà tenté de le faire, en général ils commencent par se disputer parce que chacun est enclin, sans aucune justification, à projeter sur les problèmes globaux de la société les réflexions qui lui ont été suggérées par sa propre expérience d'expert confiné à un domaine étroit. Lorsqu'on les réunit, et si l'on passe au-delà de leurs querelles, au mieux on aboutit entre eux à des arbitrages. Cela se passe ainsi dans les gouvernements, dans tous les gouvernements. On retire un peu d'argent au budget de tel ministère pour en accorder un peu au budget d'un autre; on arbitre, <u>mais</u> <u>on ne fait pas la synthèse</u>, il n'y a pas de vue d'ensemble, il n'y a pas de vraie politique, donc pas de véritable hiérarchie des valeurs et des priorités. Est-ce que ce ne sont pas là les signes d'une crise culturelle, comme j'ai dit jusqu'à présent, ou devrais-je parler désormais d'une crise de civilisation?

Les experts, la compétence étroite: oui, nous savons bien que toute recherche scientifique ne progresse que par une spécialisation de plus en plus poussée. Et, bien entendu, dans tous les domaines, il faut se souvenir d'un principe essentiel: toute recherche scientifique qui requiert une très grande spécialisation, à la fine pointe de la technologie, doit être absolument ouverte, sans aucune entrave, sans aucune restriction. Si spécialisée qu'elle soit, cette recherche a besoin de bénéficier des apports conceptuels mis au jour dans d'autres domaines d'investigation. Le biologiste enrichit ses recherches s'il connaît plus ou moins les travaux de ses collègues physiciens. Or, les échanges ou les dialogues pluridisciplinaires, que l'on réclame depuis des décennies sur les deux rives de l'Atlantique, sont tellement rares qu'il est difficile d'en parler. Quand ils existent, ils restent l'exception. Ainsi, par accumulation et multiplication des spécialités, nous disposons d'un savoir immense, mais c'est un savoir en miettes. Chaque science affine sa perception et sa compréhension d'un secteur très étroitement circonscrit. Elle ne saisit pas la totalité de la vie, la totalité des connaissances, le tout de la société. Nous connaissons mieux, beaucoup mieux que par le passé, chaque détail du tableau, comme si nous l'examinions au microscope. Mais nous ne voyons plus le tableau lui-même.

C'est pour cette raison que, dans un débat auquel je participais récemment, un de nos plus grands scientifiques, ancien directeur de l'Institut Pasteur, concluait son intervention par un appel aux philosophes; le scientifique de très haut niveau lançait un appel aux philosophes. Non pas pour demander aux philosophes d'enrichir sa connaissance scientifique, mais parce que seul le philosophe, s'il veut bien faire l'effort de ne pas réfléchir dans les nuages, mais concentrer son attention sur tout ce qui est en train de bouger à toute vitesse dans nos connaissances scientifiques, seul le philosophe peut éventuellement arriver à reconstituer le tableau global, à partir de ces miettes de savoir qui sont à notre disposition. Il avait bien raison car les sciences, grâce à nous, êtres humains, ont progressé beaucoup plus rapidement que la réflexion dont nous, êtres humains, sommes capables sur les progrès scientifiques et sur les utilisations que l'on peut être amené à en faire.

Siècle scientifique, disons-nous. Mais le plus médiocre animateur de télévision, à Paris du moins, gagne en un mois ce qu'un de nos savants ne gagne pas en un an. Où sont notre culture et notre respect de la culture? Mais nos scientifiques en général ne s'en plaignent pas, pourvu qu'ils aient les outils nécessaires à leur travail. Ils se plaignent d'autre chose. Ils savent, et ils en souffrent, qu'en général ils ne sont pas maîtres du produit de leur recherche scientifique. Ils n'ont pas le pouvoir de décider de l'usage — bon ou mauvais — réservé à leur découverte.

Problème d'éthique, problème de pouvoir... La recherche fondamentale doit rester largement ouverte et ne peut supporter aucun interdit. Tous les domaines doivent rester ouverts aux investigations, telle est la noblesse de l'esprit humain: il n'accepte pas l'inconnu dans quelque domaine que ce soit.

Mais ensuite, quelle autorité choisira donc de passer de la recherche fondamentale à la recherche appliquée? Qui financera cette recherche et qui décidera que telle recherche appliquée, plutôt que telle autre, est utile? Et qui donc, après coup, choisira de lancer tel ou tel produit rendu possible par une découverte théorique réalisée en laboratoire? Pour être provocateur, je répondrai que ce pouvoir de décision appartient d'abord et essentiellement aux marchands. Et ces marchands, nous ne les avons jamais vu s'interroger sur l'utilité ou la nocivité d'un nouveau produit. Cela ne fait pas partie de leur domaine d'expertise et de compétence. Pour les marchands, il suffit de savoir que tel produit dispose d'un marché potentiel considérable et que, sur ce marché, il sera rentable. Si ce marché n'existe pas, le marchand fera appel à toutes les agences d'enquêtes d'opinions publiques et de publicité pour créer dans l'opinion le besoin, pour convaincre des millions de gens qu'ils ont absolument besoin de ce produit dont ils ne soupçonnaient même pas l'existence. Ainsi, on aura créé un marché et le produit deviendra rentable. Le marché est devenu l'arbitre suprême. Peut-être pas de notre culture, mais en tout cas l'arbitre suprême des utilisations que nous pouvons faire de notre culture.

Bien sûr, cela ne plaît pas à tout le monde. Un philosophe comme Castoriadis observe à juste titre que l'homme moderne, en vertu justement de ses progrès scientifiques dans tous les domaines, l'homme moderne «exerce un nombre grandissant de maîtrises ponctuelles», de maîtrises sur des points très précis. Mais il ajoute: «Il est moins puissant que jamais devant la totalité des effets de ces actions.» Parce que ces maîtrises ponctuelles ne garantissent pas automatiquement une maîtrise de la totalité, toujours plus complexe, et que, lorsqu'il s'agit de créer et de vendre, cette maîtrise est laissée à des marchands. Des hommes aussi différents que Richard Lewontine de l'Université d'Harvard, Castoriadis que je viens de citer, Jacques Testard en France ou George Wald aux États-Unis se rejoignent dans des écrits différents, sans s'être concertés, pour constater, bien entendu pour déplorer, que notre conception du progrès soit dominée par l'idée vraiment absurde que l'on doit réaliser tout ce qui est matériellement, techniquement et commercialement réalisable.

Si la science nous ouvre la possibilité de réaliser quoi que ce soit, si nous maîtrisons les techniques de production et si nous sommes assurés que cette production disposera d'un marché, alors nous réalisons. Or, une culture vivante qui s'exprime par son sens critique, ses goûts et son jugement, une culture vivante ne peut que mettre en avant une tout autre conception du progrès. Voilà à peu près 25 ans que George Wald, à Harvard, me faisait part de ses réflexions sur ce point. Il disait que le progrès consiste à choisir, à l'intérieur de ce qui est réalisable, entre ce qui est souhaitable pour l'homme et pour la société et ce qui ne l'est pas. Il avait raison. Vous me direz qu'il n'est pas nécessaire comme Wald d'être prix Nobel pour aboutir à de telles conclusions. Il reste que c'est l'un des rares esprits qui ait osé proclamer cette vérité élémentaire dont on ne tient aucun compte dans les mécanismes de prise de décisions dans nos sociétés. Non pas réaliser tout ce qui est faisable, mais dans ce qui est faisable, choisir entre ce qui est souhaitable et ce qui ne l'est pas.

Très bien, mais qui donc fera un tel choix? le savant? le politique? le sage ou le philosophe? Nous pouvons poser ces questions et, impuissants, nous constatons qu'elles demeurent sans réponse. Et c'est bien là, sans doute, le trait majeur qui révèle notre crise culturelle, notre crise de civilisation. Nous avons les capacités scientifiques, théoriques et pratiques de réaliser énormément de choses. Nous disposons, malgré la crise, de moyens matériels et financiers énormes. Et nous ne savons plus comment déterminer ce qu'il faut faire parce que cela sera utile, et ce qu'il faut s'abstenir de faire parce que cela sera inutile ou nuisible.

Le nucléaire, dans nos sociétés de haute culture, est quand même utilisé avant tout à des fins de destruction. Et en médecine, où les progrès sont fabuleux, il reste dans tous nos pays des gens qui, à côté de la médecine de pointe, n'ont pas accès aux soins les plus élémentaires. Il faudrait réfléchir à tout cela. Et une culture qui ne s'interroge pas sur ces points est une culture déjà anémiée malgré son dynamisme apparent. Castoriadis a encore dit que les progrès scientifiques portent en eux «un pressant appel au renouvellement de la pensée humaine». Notre pensée humaine a pu réaliser dans des domaines les plus divers des progrès fantastiques, mais notre réflexion sur ces progrès n'est pas à l'échelle des besoins.

Des biologistes, un peu partout, souhaitent une pause de la recherche. Parce qu'ils se rendent compte, peut-être mieux que nous, que l'on est en train de toucher à quelque chose d'essentiel dans la manière de créer la vie, de la transformer. Alors, bien sûr, là aussi, les marchands interviennent déjà. On dépose des brevets sur le vivant, la souris cancéreuse, alors que jusqu'à présent, les brevets scientifiques sur le vivant n'existaient pas.

Il existe aussi, au-delà des philosophes ou des biologistes, des gens relevant d'une discipline tout à fait différente, des sociologues et, de manière peut-être encore plus intéressante, des anthropologues venus à la sociologie comme Georges Balandier qui, réfléchissant sur les désordres de la société du monde actuel, conclut son travail un peu parallèle à celui fait aux États-Unis qui a donné naissance à un livre dont vous avez entendu parler, *Striving on Chaos*. Balandier travaillant sur le désordre, le chaos, termine en faisant un éloge du mouvement, car le désordre porte toujours en lui l'aspiration à un ordre différent fondé sur de nouvelles valeurs et sur une éthique partagée.

Des valeurs, une éthique: il n'y a pas de culture, si avancée scientifiquement soit-elle, sans valeur, sans éthique. Des économistes comme René Passet, très habiles à appliquer les mathématiques à l'économie, vont plus loin et s'interrogent — et c'est la seule interrogation qui compte — sur les finalités de l'économie. Et puis un peu partout, nous voyons fleurir ces comités d'éthique. Plus ou moins bien composés, mais enfin des comités d'éthique dont la mission est de réfléchir sur les valeurs de notre société et, à la lumière de ces valeurs, sur les usages que nous ferons des progrès scientifiques récemment enregistrés et qui bouleversent tant de choses.

Renouvellement de la pensée humaine, pause pour réfléchir sur certains domaines, recherche de nouvelles valeurs, d'une éthique partagée, interrogations sur les finalités de l'économie et de ce savoir scientifique accumulé, réflexions sur l'éthique: il n'y a pas de culture sans tout cela. Car une culture, bien entendu, est bien plus que la somme des connaissances. La culture est une vision de l'homme et de la société, comme la vision d'une cathédrale que les hommes ont été capables de construire. Une culture, c'est même encore plus que cela. <u>C'est un projet de société autour duquel, tant bien que mal, on s'efforce d'ordonner les grandes décisions</u>.

Projets de société, c'est-à-dire une société qui, à partir de ce qu'elle est, de ce qu'elle sait sur elle-même et sur l'univers, se projette elle-même vers l'avenir, en avant. Ce grand projet de société, cette vision d'un avenir en train de naître sous nos yeux, nous ne l'avons pas. De nombreux exemples permettraient d'illustrer tragiquement cette absence de projet de société. J'en retiendrai deux seulement, parce qu'ils sont plus faciles à illustrer.

D'abord l'écologie car enfin, c'est grâce à nos progrès scientifiques et à leurs applications technologiques que nous avons pu développer nos industries, y compris les industries les plus destructrices de notre environnement naturel. Et puis, car nous sommes une société scientifique avancée, nous savons tout sur les dangers de l'accumulation de dioxyde de carbone et sur les risques qu'entraînent les atteintes portées à la couche d'ozone. Comme nous sommes une société bien informée, nous n'ignorons rien des maladies qui frappent nos forêts. Nous sommes une culture scientifique avancée, et donc nous savons tout sur la pollution des océans. Nous savons même tout sur les catastrophes nucléaires. Je veux parler du nucléaire civil. Nous avons eu Tchernobyl. Heureusement, c'était de l'autre côté, mais le nuage n'a pas respecté les frontières, pas plus que la pollution de certaines industries de votre voisin du Sud ne respecte la souveraineté canadienne et les frontières internationales. Nous savons aussi qu'il n'y a pas si longtemps, un avion supersonique, en Allemagne, s'est écrasé au sol à quelques secondes de vol d'une centrale nucléaire électrique. Nous disposons de toutes les connaissances scientifiques pour comprendre ces phénomènes. Grâce à elles, nous avons créé des choses qui étaient impensables il y a une génération, et nous ne savons pas comment les maîtriser. Nous avons aussi intégré à nos raisonnements une accoutumance à ces dangers qui ne sont pas simplement virtuels ou potentiels, mais des dangers qui ont déjà commencé à manifester sous nos yeux leurs effets désastreux.

Nous manquons de réflexions approfondies sur les créations humaines réalisées à partir de nos progrès scientifiques merveilleux.

Après l'écologie, un autre exemple: la communication. Lorsque j'étais jeune journaliste, on osait à peine rêver aux outils de communication que l'on aurait un jour à sa disposition. Il a fallu énormément de talent, de connaissances et de longues recherches pour mettre au point et rendre facilement utilisables toutes ces technologies de la communication. Et ces moyens prodigieux, depuis la caméra jusqu'aux transmissions par satellite et la qualité des images, pourraient être utilisés pour une très grande diffusion de la culture sous toutes ses formes, dans notre société scientifique, notamment pour diffuser la culture scientifique, mais pas exclusivement. Et que constatons-nous? L'utilisation la plus perverse de ces produits de nos sciences et de notre culture. La priorité accordée, du moins dans mon pays, la priorité accordée à la télévision aux jeux d'argent. On ne les compte plus. Et plus ils sont bêtes, plus ils font rêver, plus ils ont de succès. Priorité à des divertissements qui pourraient être de très bonne qualité mais, ne vous faites pas d'illusions, ils sont médiocres. Et dans ce cas-là, le divertissement est toujours une opération de diversion, c'est-à-dire qu'il est là pour détourner l'attention du citoyen des problèmes importants, des grands problèmes, des problèmes de beauté et de vérité.

Ou bien la priorité est accordée à d'insipides séries déjà amorties sur le marché d'origine, américain ou brésilien. Autrement dit, on ne «fait» pas de la culture. On fait du commerce, on achète à bas prix ce qui a déjà été amorti. Et on l'offre en pâture à un public qui, croyez-moi, est plus avide de culture que ne le sont les responsables de nos chaînes de télévision. Ces insipides séries atteignent de très vastes publics qui, par ailleurs, restent dans l'ignorance des plus grands chefs-d'œuvre issus de l'esprit humain au cours des siècles. J'aurais embrassé ce directeur de notre principale chaîne de télévision en France, lorsqu'il a dit: «Notre objectif n'est pas de faire du culturel, c'est de faire du profit.» Je l'aurais embrassé parce qu'il est rare d'entendre dans la bouche d'un personnage un tel témoignage de lucidité sur soi-même: il est évidemment inapte à «faire» du culturel, mais il a montré qu'il pouvait faire du profit. A-t-il le droit pour autant de faire du profit avec un aussi prodigieux instrument de diffusion culturelle? Alors comme, malgré tout, on n'a pas complètement abdi-

35

qué toute ambition de l'esprit, de temps en temps, sur nos chaînes de télévision, on diffuse une émission de qualité, une émission culturelle de haut niveau. C'est une émission alibi. Et plus on la programme tard le soir, plus elle a de chances d'être de qualité. Et, en tout cas, plus elle est de qualité, plus il convient de la programmer tard, pour que le bon peuple ne puisse pas y accéder. Ainsi, les images qui ont fait irruption dans notre vie et qui pourraient stimuler la réflexion et diffuser la culture, ces images, non pas en elles-mêmes, mais telles qu'elles sont utilisées, donnent congé à la pensée et à toute réflexion. Car ce qui compte, ce n'est pas la culture, la qualité, la beauté; ce qui compte, c'est la course aux taux d'audience dont dépend le volume des recettes publicitaires.

Dans la protection de l'environnement comme dans la communication, tel est le bilan de mécanismes de décision soustraits aux scientifiques, aux sages, aux politiques, aux philosophes. Des mécanismes de décision livrés à des affairistes. Et j'ajouterais des affairistes sans scrupules, puisqu'ils détruisent l'environnement matériel et abîment l'environnement culturel de nos sociétés.

Avant la Deuxième Guerre mondiale, l'un de nos grands esprits, Jean Guehenno, d'origine modeste, populaire, ayant fait toutes ses études grâce à des bourses, et atteint les plus hauts niveaux d'une culture, donnait à Paris une conférence très belle, très digne, très émouvante dans laquelle il disait: «Je ne voudrais pas que ce que j'ai acquis de culture reste un phénomène d'exception. Aussi, je consacrerai tout mon talent, toutes mes possibilités à faire en sorte qu'à la culture dont je bénéficie, puissent y accéder aussi les couches les plus pauvres, les plus défavorisées.» Que c'était beau! Et il n'y avait pas alors, à cette époque-là, la télévision pour faire cette œuvre de diffusion culturelle. Mais voilà que, face à Jean Guehenno, se dresse très amicalement un autre grand esprit, Julien Benda, l'auteur célèbre de ce pamphlet justifié contre les intellectuels, *La trahison des clercs*. Et Benda a dit à Guehenno: «C'est bien, vous avez de bonnes intentions, vous avez de bons sentiments. Mais croyez-vous qu'on vous permettra de favoriser cette diffusion culturelle dans toutes les couches de la société?» Et Julien Benda, chose extraordinaire, a ajouté: «Non, on vous empêchera de le faire, l'ennemi vous empêchera de le faire. Pas l'ennemi extérieur, l'ennemi intérieur. L'ennemi de classe. Car cet ennemi qui ne veut pas de large diffusion de la culture entend se réserver pour lui-même le droit de mépriser ceux qui ne possèdent pas cette culture.»

Les temps ont changé mais les conditions n'ont pas changé. Je crois qu'encore aujourd'hui, au moment où nous parlons, trop de gens qui pensent détenir une culture s'octroient et se réservent à eux-mêmes le droit de mépriser ceux qui n'y ont pas accès. Et le meilleur moyen de les mépriser, c'est de leur interdire l'accès à cette culture. Que les choses seraient dangereuses si, tout à coup, un peuple intelligent et cultivé se levait en masse! C'est la forme moderne de l'obscurantisme, rendue possible par tous ces moyens de diffusion qui, au lieu d'être consacrés à l'expansion de la culture, sont consacrés à des entreprises de diversion.

Nous pourrions longuement déplorer la mise en place chez nous de ce que l'on appelle depuis quelques années un «dualisme social», c'est-à-dire une société coupée en deux, avec une minorité au sommet (une minorité importante) qui dispose de la culture, du savoir, du pouvoir, qui assume des responsabilités et qui, pour toutes ces raisons, jouit aussi d'un niveau de vie plutôt confortable.

Plus dangereux encore que ce dualisme social me paraît être le dualisme culturel. Car si nos connaissances ont prodigieusement avancé depuis quatre ou cinq décennies et si notre réflexion sur ces connaissances n'a pas progressé comme elle aurait dû, en même temps, le niveau culturel d'une grande masse de la population n'a absolument pas évolué à la cadence de nos progrès scientifiques. De telle sorte que le fossé se creuse de plus en plus profondément entre ceux qui ont l'immense joie d'accéder à la compréhension de mille domaines qui font la richesse de l'existence humaine et de l'univers, et ceux qui n'y comprennent rien, et qui de plus en plus, devant l'inexplicable, ont recours à la magie, aux devins, aux guérisseurs. Étrange société scientifique qui favorise à ce point le développement de la magie. Accepter cette société de dualisme culturel, ce serait, au nom de toutes ces sciences qui nous fascinent, témoigner d'un extraordinaire mépris de l'homme. Ce serait supposer qu'il y a des hommes inaptes à accéder à cette richesse de compréhension ouverte par les sciences.

Ce mépris de l'homme qui exprime le dualisme culturel, c'est le cancer de l'humanité, de ce qui fait notre qualité d'être humain. C'est le cancer de notre démocratie, car on ne fera pas fonctionner une démocratie fondée sur le suffrage universel avec un tel dualisme culturel. Et bien entendu, ce dualisme culturel, c'est aussi le cancer d'une civilisation, et c'est encore plus grave. Nous vivons un moment prodigieux de l'histoire des civilisations. Nous devrions tous en être heureux, épanouis et satisfaits, car l'essor des connaissances, l'irruption des technologies de pointe annoncent une nouvelle civilisation; nous ne savons pas encore ce qu'elle sera, mais nous voyons bien qu'elle est en train de naître sous nos yeux. C'est cet essor des connaissances et des technologies de pointe qui bouleverse le rapport que l'homme peut entretenir intellectuellement et plus concrètement avec la matière. Cet essor bouleverse aussi ce que l'on appelle les «rapports de production»: dans l'industrie avec l'informatisation de la production, dans l'agriculture avec les biotechnologies, et dans le tertiaire. Mais cet essor bouleverse aussi les relations entre les hommes qui, pour communiquer, doivent recourir de moins en moins à des expressions tangibles, concrètes, mais plutôt à des signes, à des symboles comme on le voit notamment en informatique. Cela suppose une capacité de l'être humain d'accéder à un niveau d'abstraction dont les hommes, dans l'état actuel des choses, ne sont pas tous également capables.

Cet essor des sciences et des technologies bouleverse également les relations entre les différentes cultures et les civilisations de la planète, entre les traditions occidentales plus ou moins marquées par le christianisme ou par le matérialisme, et ces autres cultures, ces autres civilisations: l'Islam, l'hindouisme, les civilisations des Indiens des Andes, etc. Ces rencontres entre culture et civilisation ne se font pas seulement à l'occasion de déplacements lointains, ces rencontres se font chez nous par l'arrivée massive de représentants de ces autres cultures, de ces autres civilisations. Et le vrai grand problème qui est posé est le suivant: est-ce que cette rencontre des cultures et des civilisations prendra la forme d'un choc qui serait nécessairement destructif (j'ai peur que l'effet de ce choc ne soit déjà amorcé), ou est-ce que cette rencontre prendra la forme d'un dialogue qui seul, lui, peut être constructif?

Autrefois, et il n'y a pas si longtemps, les connaissances dont disposaient les êtres humains étaient finalement extraordinairement limitées. Il y a 30 ans, les connaissances en biologie tenaient dans un très mince ouvrage. Les informations sur l'évolution du monde et de la planète étaient encore des choses assez rares. Et aujourd'hui nous sommes submergés à la fois par un afflux, presque une inflation, des connaissances et par des flots d'informations dont nous ne savons plus que faire, de telle sorte que nous ne nous y retrouvons pas. Nous n'avons plus de fil conducteur à travers ces sommes de connaissances et d'informations, d'autant plus que l'innovation du jour rend très vite désuète l'innovation de la veille, comme l'information télévisée du soir fait oublier celle qui paraissait si importante quelques heures plus tôt.

Sans point de repère, sans amarre, sans fil conducteur, nous sommes tous plus ou moins en quête de sens. Nous ne demandons pas des informations supplémentaires, mais des clefs d'interprétation, des grilles de lecture, un ordre de priorité pour distinguer dans ce flot ce qui est important de ce qui ne l'est pas. C'est vrai qu'il faut faire un tri dans ce savoir en miettes, lui trouver un sens, comme c'est vrai qu'il ne faut pas se tromper dans les priorités de nos sociétés. Et la masse d'informations et de connaissances dont nous disposons ne nous garantit pas nécessairement un regard plus lucide à l'endroit de nos sociétés.

Peut-être que plus nous accumulons des connaissances, moins nous sommes aptes à analyser et à comprendre nos sociétés. Je citerai ici Jacques Delors, président de la Commission européenne, avec qui il y a quelque temps je participais à un colloque en Italie. À la fin de son intervention, il a dit à peu près ceci: «[...] en vertu d'une priorité indûment accordée à l'économie [et, bien sûr, ce n'est pas un homme à négliger ou à sous-estimer l'économie], nous avons fondé tous nos objectifs sur la croissance économique et cette croissance, jusqu'à présent, nous l'avons assurée par deux moyens, le gaspillage et l'égoïsme. Ne vaudrait-il pas mieux rechercher d'autres moyens d'assurer notre croissance, non plus par le gaspillage, mais par une certaine frugalité, non plus par l'égoïsme, mais par le partage?»

Voilà au moins des indications, des pistes, des objectifs qui pourraient nous aider à mettre un peu d'ordre dans ce fatras de connaissances et d'informations qui se terminent dans un immense brouillard culturel.

Les sciences et les technologies dont nous disposons nous donnent des moyens exceptionnels d'influencer le destin de l'humanité. Comment allons-nous peser sur lui? Comment notre culture nous recommande-t-elle de peser sur le destin de l'humanité? Car, bien entendu, une civilisation se définit non pas par les outils dont elle dispose, mais par l'usage qu'elle décide d'en faire.

Pour l'instant, notre société, ayant succombé à la tentation de l'économisme, me paraît fascinée par la puissance de l'outil qui serait devenu une fin en soi. Donc, elle cherche des outils toujours plus performants. Pour faire quoi? Telle est la seule question. Aurons-nous l'ambition d'utiliser ces outils pour assurer un meilleur épanouissement de l'être humain, une meilleure harmonie à l'intérieur de nos sociétés ou sur cette planète disloquée entre le Nord et le Sud, et affligée de conflits qui, depuis la fin de la Deuxième Guerre mondiale, ont fait 17 millions de morts?

Si nous ne savons pas répondre et choisir entre la fascination de l'outil pour lui-même et la fascination de l'outil en raison de l'usage que l'on choisira d'en faire, cela signifie que nous portons en nous une certaine dose de mépris pour l'homme, pourtant capable d'accéder aux plus hautes aspirations. Et, bien entendu, nous serions à notre tour méprisés plus tard, pour ne pas avoir su faire un meilleur usage de nos capacités scientifiques et techniques nous permettant de peser le cours de l'histoire, d'orienter une civilisation encore en germe. Ce que nous vivons, ce n'est pas simplement l'évolution de sociétés et de civilisations, c'est la naissance d'une nouvelle forme de civilisation. Et notre culture est en crise dans la mesure où nous n'avons pas conscience de cette mutation radicale. Dans la mesure aussi où nous ne portons pas clairement en nous les priorités, les urgences qui doivent guider la mise en place de cette nouvelle civilisation.

Pardonnez-moi de vous avoir fait part, ce soir, de mes inquiétudes. Elles ne sont pas nouvelles. Je les porte en moi depuis longtemps. Mais j'espère aussi qu'en m'écoutant, vous aurez compris que je vous faisais part de mes espoirs, sinon je n'aurais pas pris la peine de parler. Mes espoirs, car tel est vraiment le propre de l'homme. Aucun autre animal ne peut le faire comme lui. L'homme a la possibilité de choisir lui-même son destin, de mobiliser toutes ses énergies pour forger autant que possible un avenir qui réponde à ses plus nobles ambitions, ces choses dont on n'ose plus parler en ces temps d'argent. Ces choses qui s'appellent le Beau avec un «b» majuscule, le Juste avec un «j» majuscule et le Vrai avec un «v» majuscule. Ces plus nobles ambitions, non seulement pour lui-même, pour chacun d'entre nous, mais pour tous nos semblables sur l'ensemble de la planète malade de sa culture.